JN440044

바람의 손

텃밭시학시선 **02**

# 바람의 손

## 이춘실 시집

그루

## 시인의 말

시는 그 사람과 같아야 한다고 생각한다.
밤낮 사물의 심장을 만지고 싶었다.
나에게 시는 철학의 꽃이자, 음악이다.
하나님이 역사하신,
태초의 신비로운 말씀을 받아 적고 싶었다.
기도와 은총을 분에 넘치게 받았다.
마음의 문을 열고 보니, 모든 순간이 기적이다.
하늘에 계신 부모님과 오빠
사랑하는 가족들에게 이 시집을 바친다.

2020년 새해 월유당에서

**이 춘 실**

차례

## 3 평양 곰탕



## 4 응시

## 5 기도



## 해설

# 1

# 바람의 손

## 바람의 손

참 아픈 하늘이었다
너를 부르면, 참 아픈 구름이었다

밤마다 달은
물속에서 꽃처럼 숨 몰아쉬는데

마음 한 자락 잡을 수 없는
바람의 손, 차마 찾지 못해

언제나 돌아서던
골목의 빈 그림자

참 아픈 겨울이었다
자꾸만 너는 펄럭거리는데

가시나무 무릎 속 고개를 묻고
어둠은 바람인 양 쳐다본다

# 자꾸만 멀어지신다, 아버지

자꾸만 멀어지신다, 아버지는

어둠 속 빈 골목처럼

자꾸만 멀어지신다, 꿈속 아버지

오신 길 헛딛지나 말아야 할 텐데,

엄마가 좋아하던 복숭아를 싸 들고

달빛 강을 무사히 건너야 할 텐데,

아버지는 자꾸 멀어지신다

새벽녘 안개 속 들풀처럼 지워지신다

# 너에게로

가까이 오는 소리 스쳐 지나가는 소리
가슴 떨려
네 손끝에 닿으려는 나

나만의 생각 속에 나를 가두고
오지 않는 너를 기다리며
나 혼자 여기에 있네

기다림만큼 가슴 졸이는 때는 없지
가는 길 굽어드는 길, 그래도
깊은 마음 담겨 있는 까닭에

하늘 위 바다 속
너 어디 있기에

봄날 기다리며
새론 앞날 가득 채워질
환희의 노래 만들어 가고 있네

# 사닥다리

별까지 가려면 달빛 창문에
오늘 밤 사닥다리 놓아야겠네

땅거미 꺼진 앞산 위로
돋아난 샛별 곁에
불면 하나 걸어야겠네

밑도 끝도 없는 늙은 생각은
한밤중 또렷한 기억 되어
어둠의 소파 위에 혼자 앉는다

텅 빈 거실 유리벽에 움직이는
그 무수한 바람 그림자

촛불을 켜면, 밤의 입술 새로
수다처럼 풀려 가는
그 옛날 어머니의 색실 뭉치

풀었다 되감았다 새벽녘까지
잔 생각 오고 가면
어느새 무릎 위에 잠든 어린 꿈

그 아이 별에서 내려오려면,
이 밤 또, 달빛 창문에 사닥다리 놓아야겠네

# 쿠쿠Cuckoo

게으름 피우지 않고
내 뜻에 따라 주는 착하디착한 너

너와 마주 앉아 나는
네가 좋아 어쩌지 못한다

나도 누구에겐가 너처럼
꼭 필요한 빛깔을 비춰 주고 싶다

쓰다듬으면 따스한 촉감
경쾌한 기쁨의 밥물 출렁이는 소리

이른 새벽 가만히 들여다보면
아빠처럼 든든한 너

우리 모두에게 아침마다 팽팽 돌아가는
너 같은 대통령 있으면 좋겠다

# 하늘의 귀

거기에 바다가 있었다
절벽 위에 한 그루 노송

아찔, 불거진 혈관처럼 얽힌
바위를 감고 버틴 뿌리

먹고사는 일은
절벽도 나무도 고독했다

물안개 너머로 튕겨 나온
갈매기 한 마리

하늘의 귀를 물고
구름 위에 올려놓았다

# 명의를 찾아서

이젠 버려진 고물
한때는 소중한 몸이었던 것들

사고로 망가진 차, 낡아서 못 쓰게 된 차, 더 이상
쓸모없는 차들이 모여 있는 폐차장

저들도 한때는 미래를 향한 갈망이, 피할 수 없는
세월의 이야기들이 가슴속 채우고 있었을 거야

이 부품 저 부품 수리하다 보면
버려졌던 차에 새 생명 얻을 줄 누가 아나

마음을 추스를 치유 받게 된다면
얼마나 큰 기쁨이랴

앓고 있는 몹쓸 병
버려진 차에 시동 걸리듯

인간 고물이 된 노인들
누구 고쳐 줄 명의 없는가

## 출렁이는 달

수고 많았다고 고맙다고 사랑한다고
부드럽게 출렁이는 달 두레박

사운사운 바람 소리
나를 담아 어루만지는 제주
그 밤 듣는 아들 목소리

따사롭다, 호젓한 달빛
울창한 비자림, 사녀리 숲길

텅 빈 내 마음 무너질 때
언제나 다정한 눈길로
너는 달빛 표 올려 주었지

어머니는 달 우물, 아버지는 두레박줄이라고
오십 년 기쁨
말 속에 다 담았네

달빛 둘레 모양
보기에도 의젓하고 눈부신 너
깊이를 잴 수 없는 저 공중의 달

# 하늘을 봤다

거기에 바다가 있는 줄은 몰랐다

벼랑에 노송 한 그루
이치를 터득한 듯
바다에 닿은 모습 장엄하다

홀연,
쏘는 듯한 빛 아찔하다
노송은 무얼 가르치려는지

발끝에서부터 감겨 오는 향기
아련히 피어오르고
치유되는 벅찬 기쁨

눈을 떴을 때
불그스레하게 바뀐 노송
깨달아야 한다고,
부드러운 몸짓으로 너털댄다

기이한 이 황홀함
알 듯 모를 듯한 신비
내일도 모레도
또 또 또 물구나무를 서겠다

# 누군가는 누구를 사랑한다

당신 아래 곱게 앉아 노래 두어 곡 불러요
오를 때마다 장대한 당신 앞 지나던 길

가슴에 사랑의 촉이 눈 뜬 탓이지만
그 높이와 넓이만큼 노래하고 싶어요

무거운 짐 제법 가벼워지는 법 알게 된 기쁨
굽어보는 힘든 길, 당신 몸 갈라

디딤 계단 만들어 준 너그러움
그 몸은 얼마만큼 아프고 고단한지요

앞산 아래 신천 흐르는 이 풍경
나보다 더 늙은 뿌리 버들 노래 불러요

# 하늘 정원

그곳에 가는 길
내 앞에 열리기까지

나 고독의 방에 들어
고요히 무릎 꿇어야지

크게 뜬 눈 넓게 연 귀로
제자리 찾아가고 싶어

구름 솜 한입 베어 문 채
춤추며 새 난다

예쁜 꽃대 올라오려나
먹구름 몸 풀어 흠뻑 물을 주고

햇살, 따스한 손길 드리우면
나 거기에 들풀로 꽃 피고 싶다

# 하늘 소리

누운 것들의 침묵
젖지 않는 비의 바다

돌아가는 물
높은 길 낮은 길
제 갈 길 찾아 잘도 간다

깜빡,
잃어버린 길
말소리 들리는 곳
나 하늘 바라본다

새벽이 내려오며 부르는 멜로디
바람이 와서 베이스로 받쳐 주고

지휘하는 손 보이지 않으나
아름다운 하모니의 아침
또 하루의 기적!

# 2
# 한 마리 어린 양

## 한 마리 어린 양

은하 속 떠도는 먼지 한 톨
제 자리 찾을 수 있으려나
의미를 찾아 헤매던 양 한 마리
돈 버는 기술, 돈 쓴 예술
실패,
끼어들 곳 찾아 크고 넓은 문 열고
하늘을 봐도 거기엔
방황하는 별들뿐

호흡을 낭비하며 울고 있는 너
두 마리 늑대와 한 마리 양의 밥상 앞
갈림길에 위태롭게 선 너
맞이할 수밖에 없는 그날
십자가, 못 자국 난 사랑의 손
좁은 문 좁은 길 먼저 걸으신 독생자
그 길 끝에 있는 생명 속에서
참 기쁨, 참 자유 얻으리

# 죄

기쁨 사라져 가는 세상

청소년들의 저 씁쓸한 표정
톡 건드리면 터질 듯 성난 얼굴로 바쁜 사람들

우리 자녀들이 누릴 특권은 없는가
억울하고 답답한 일 당해도
마음 크게 열리면 좋으련만

하긴, 어른들이 망가트린 세상인걸
이해 없는 갈등으로 맞서는 사람들

높은 곳으로만 향하며
젊음의 앞을 막은 죄

부모의 참 가슴으로
자녀를 돌보지 못한 잘못
바른 교육 베풀지 못한 큰 죄

골목길 추위에 떨며 담배꽁초를 빨아 대는
저 어린것들, 어이하리

본받을 만한 노인 되지 못한 때늦은 후회
연약한 죄인의 한탄을 누가 받아 주랴

하늘 아버지께 아뢰야겠네

# 기도

흐르는 시간 따라 새날을 맞이했나이다
여전히 욕심을 버릴 수 없나이다
죄인을 향하신 뜻이 무엇인지 깊이 생각도 못한 채,
어리석음과 교만을 용서하옵소서

모든 죄악을 사하시며 모든 병을 고치시고
생명을 파멸에서 건지시는 아버지

새해 새날,
향하신 뜻 깨닫게 하소서
순종의 삶으로 아버지의 기쁨이 되게 하소서

백발은 노인의 영광이라 하셨지요
필요한 것으로 만족케 하시며
인자와 긍휼로 관을 씌우시는 아버지
딸의 노년을, 독수리 날개 치며 오르듯, 새롭게 하소서
아버지의 영광을 위하여!

# 부활

들리는 것 보이는 것
모두가 빚인 것을
십자가 그늘 아래 나 쉴 곳 찾았습니다

안타까이 내민 손 뿌리쳤지만
한줄기 새벽빛을 따라
마리아와 주께로 갑니다

부귀영화 머리에 이고
높은 자리 찾아 헤매던 어리석음
아픔으로 변해, 낮은 자리에 계신
주님 닮아 살기 원합니다

빈 무덤
오랫동안 함께했던 제자들
삼 일 만에 다시 사심 믿지 못하고
누가 돌려 달라 하는가

대속의 제물로 죽으시고 부활의 승리로

인류를 구원하신 십자가 사랑
영광스런 하늘 보좌 우편에 계신 주님
이 죄인을 살리셨습니다

# 리셋Reset

여기
두려움에 떨고 있는 한 마리 어린 양
사탄이 뿌려 놓은 혼미한 문화에 섞여 살다가
실족하여 크게 실패했습니다

푸른 풀밭 쉴 만한 물가 외면하여
심령에는 은혜가 마르고
영혼에 은총 사라져
육신은 곤고합니다

특별한 줄 알았고
더 높은 가치가 있다 생각했던 오만
모든 사람 똑같이
아버지 사랑 받아야 함을 알게 됩니다

네 몸은 내 성전이라 하신 말씀
아버지, 아버지를 향한 믿음과 열정을 원합니다
아버지의 의를 힘입혀 주소서

어리석음의 끝자락에서
몸과 마음 가다듬고 인생의 리셋 버튼을 누릅니다
아버지의 지팡이와 막대기가 그리워
다시 집으로 돌아갑니다

# 십자가 그늘

겨울 속 나 진정 존재하는 걸까
삶을 비춰 주는 창가에
꽃이 피고 지는 일상
십자가 그늘 아래

내 영혼의 햇빛
찬란한 영광의 아버지 따라 걷는 길
십자가 그늘 아래

말할 수 없는 탄식으로
나 위해 아버지께 나아가는 위로자
온 마음 사무치게 갈아
부르신 뜻 깨달아 가리

지켜 주심 잊지 않으리
나 아버지의 소중한 열매
모든 것 다 잃어도 오직 하나
십자가 그늘 밑 떠나지 않으리

# 그 솜씨 찬양하리

가도 가도 끝 모를 아름다운 길
그 속에 물들고 싶어 따라가네

거센 손짓 가라 가라 하고
몸서리치게 고운 가을 산 단풍
너를 지으신 이 마음에 그려지네

하늘에 뭉게구름 두둥실 떠가고
불붙는 나무 밑 거닐며
기쁨을 노래하네

먼 산에 지저귀는 새소리
고요하게 흐르는 시냇물
산그늘 두 팔 벌려 축복하네

우주 모든 만물
조물주의 솜씨 드높이 찬양하네

# 방황

세수한 듯 맑은
파란 하늘을 펼치면 시편이 나온다

몇 날을 퍼붓던 비의 행간도 나오고
검은 구름 속 파고든 해도 보인다

반은 누구나 어둡다
또 반은 누구나 서럽다

그분의 인자한 얼굴 마주할 때
감겨 오는 은혜의 위안

연민의 마음 씻은 듯 상처 사라져
너를 위해 오늘 희망의 가슴을 펴면

따사로운 영혼의 노래 실어
너 방황에서 벗어나

아버지 품에서 깨어나길
두 손 모아 기도한다

# B와 D 사이

B와 D 사이 가을이 있어
깊이 생각하게 되네

겨울과 봄 사이
흐르는 연속의 물결
초록과 꽃 사이 그 결과도 달라지는데

폭설은 왜 내리나 이 아침에
숙제를 안고 살아가는 나에게
저 흰 눈들의 해독, 여기까지 경험이 고백하네

계절 따르는 순종
야훼의 가르침 알면서도
또 하나의 복을 배웠으면서도

그 가르침 뒤돌아 배역한 나
낮은 곳에 내려가
여호와를 경외하며 지혜의 근본 따르리

# 뒤돌아 예루살렘으로

세상에 바람이 불지 않는다면 호수는 잠잠하기만 하고, 낙엽은 휘날리지 않겠지 바람 없는 곳에 있는 나무가 갑자기 쓰러질 수 있을까 3에이커 크기에 유리 돔 커다란 투명 공간 속 자라던 나무, 보란 듯 빠르게 성장했지만, 어느 날 자신의 무게를 견디지 못했네

선생님 피곤하여 배 밑에 주무시고, 바람과 파도에 배는 잠겨 가고, 한밤중 익숙한 호수를 건너던 제자들 겁에 질려, 선생을 깨워 곧 죽게 됨을 알렸으나, 조용히 바람과 파도 향해 "잠잠하라" 명하시는 선생님 "왜 아직도 믿음이 없느냐" 물으셨지, 아마도 바람이 불지 않았다면, 제자들은 그분이 누구신지 확실히 알지 못했을 거네

그가 뉘시기에 바람과 바다도 순종하는가

속죄의 짐을 지시고 가장 낮은 곳, 말먹이 통 속에 겸손의 옷을 입고

세상에 오신 하늘 아버지의 독생자, 상처에 새살 돋게 하시는 분

손 내밀어 못 자국 난 사랑의 손 붙잡으리라
엠마오로 가던 길 되돌아 예루살렘으로 향하리라
영원히 그 이름 찬양하며!

# 선한 목자, 내 아버지여

여기 길을 잃고 어두움에 떨고 있는 죄인
가르치신 진리의 길 따라 살지 못하고
세상 부귀영화, 그 길 따르다
눈물로 후회합니다

나만이 높고
내 생각만이 깊고 중요함을
교만에 싸여 지낸 나,

자책하는 육신은 곤고합니다
푸른 풀밭 쉴 만한 물가 주시고
성령으로 은혜의 샘 마르지 않도록
영혼에 은총 부어 주소서

성령의 이름으로 기도합니다
아버지에 대한 믿음이 하나이기 때문입니다
아버지에 대한 의가 하나이기 때문입니다

제멋대로 어리석음의 끝자락에서
몸과 마음 깊이 뉘우치고 이제 돌아갑니다
아버지의 지팡이와 막대기가 그리워
아버지께로 갑니다 내 손 잡아 주소서!

# 3

## 평양 곰탕

# 평양 곰탕

흑백 필름 속에 멈춰 버린
피란길 기차 지붕 위 다섯 식구

부산시립병원 담장 뒤로
데려가던 시체들 보며
온종일 허기져 구름만 뜯어 먹었지

아버지 운길 열려
공장 간 오라비 야간 학교 남학생 되고
나는 공민학교 여학생 되어
분홍 모란인 양 꿈에 부풀었네

오라비 서울대학교 합격한 날
어머니 무쇠솥에 평양 곰탕 끓였지
둥근 밥상에 둘러앉은 식구들 얼굴
고향 마당 환하게 핀 함박꽃 같았지

허허 허허 아버지는
봄밤이 그렇게 좋으신가 웃으시고

어머닌 그저 빙그레 반달이 되시고
동생과 난 덩달아 별 되어 신바람났지

# 리모델링

하늘의 고리를 비틀어
몸살을 앓게 된 건가요

노을은 저리 고운데,
진정 자연의 순응으로 살고 싶소

곱지 않은 시선으로 바라본 젊은 날의 하늘이여
그때의 눈을 돌려주오

짚어 갈 발자국 찾지 못한 채 마냥 걸어온 길
몇 번의 착오는 있게 마련인걸

주위에 다시라는 말 멋쩍게 들리오
차라리 리모델링 하라고 해 주시오

삶에서 꼭 만나야 할 지점
만나지 못한 느림보는 서럽기 그지없소

# 작은 봄

넓고 깊게 푹 삭은 겨울 있기에
때를 잘 알아 나온 봄

뜬구름 깊숙이 숨어 있는 것들
아지랑이 같은 인생

연둣빛 때를 놓칠까 두려워
잠시 머물 이 세상 야단법석이네

늙음은 숲속에 덮인 흰 눈 같은 것
한겨울 묻힌 매화나무 뿌리 같은 것

피해야 할 추함이 아니라
뒤에 오는 발걸음 알게 된 현실 같은 것

이 봄 한줄기 사랑 노래로
내 작은 봄 들추러 간다

# 구슬 가족

생은 끝없는 이야기

긴 이야기 더 이어 가야 할 텐데

한 줄에 꿰기는 너무 길 것 같네

그래도 줄을 준비해 삶의 풍경 꿰고 싶네

태산 같은 부모들 떠나 여러 산을 넘었네

달콤한 꿈을 꾸며 사랑의 산도 넘었네

어떤 날엔 잃어버린 자신감으로 눈물의 산을 넘고

꿈에도 생각 못한 험준한 계곡을 만나

칼바람을 맞으며 아픈 능선도 넘었네

내게는 함께할 가족, 그 기둥 튼튼하기에

오늘도 생의 구슬을 은총에 꿰고 있네

# 무지개

언젠가 와 주길 바라는 기다림
박수갈채에 목말라

구름 속에서도 꾸던 꿈
접지도 못한 날개

파란 날개 펴고 마음껏 날아 보고 싶었다
눈앞에 먹구름 날개로 후려쳐도,

소나기 줄기차게 천지사방 쏟아지던
그 막막한 날에도,

성악 콩쿠르 대상, 4년 전면 장학 입학, 카네기 홀 무대 위에
높고 푸른 하늘 향해 꿈꾸었건만,

지금, 노을 무대 위에 선 나
고요한 눈빛 어둠 속 감춰진 구름 그림자

어둑한 새벽 홀로 지새야 할 노년의 밤
언젠가 뜨겠지, 저 천국의 내 일곱 색깔 무지개

# 한마음 크게

가득 핀 봄이나 훔쳐야지
지난 일 놓아 버리고
가슴앓이 그만 해야지

너를 향한 겨울의 눈물 오래 머물지 못하리
마음은 얼음장 밑으로 흘러가 버리는 물
뭐 그리 살뜰히 아쉬워하나

모였다 고였다 다시 떠돌이로
각자 돌아가는 것이 생이지
언제나 기대는 꽝, 헛웃음으로 끝나지

한 번뿐인 이 지상에 핀, 우리는 꽃
그 꽃밭에 무릎 꿇고 기도라도 실컷 하면서
한마음 크게 펴고, 그분의 바다에 닿으리

# 갸웃

꽃무늬 옷을 입던 사랑스런 그때를
다시 잡을 수 있다면
청춘의 꽃을 또 한 번 피울 수 있다면

구석구석 먼지 쌓이듯
슬픔으로 채워져 가는 아픔 없으리

앞산 골짜기의 가을은
오락가락 햇빛으로 불안하다

오늘도 살아야 하는데
살같이 빠른 광음 다 잃어버리고
고희, 그 너머 산 위에서 하게 되는 후회

울긋불긋 단풍 물이라도 들어서
어디론가 떠나야 하지 않을까
갸웃, 한다

# 소망

노년의 장막 드리울 때

평온하게 웃을 수 있기를

구름 솜 풀어 실을 짜

이사 갈 곳 위해 옷을 깁고

참 고운 축복의 마음으로

잘 지냈노라, 속삭일 수 있기를

# 아 정말 절망 대한민국

—세월호 참사에 부쳐

이 봄 꽃봉오리는 차라리 아프다
기쁘게 나선 여행 길 깊은 바다 죽음의 길
사랑하는 형제들 이별 인사도 못 한 길
넋 놓아 불렀겠지, 엄마 아빠의 이름을!

떨어진 꽃잎 가슴에 묻어
아린 사랑 눈물에 말아 바다는 삼킨다
톡 톡 톡 꽃잎 주먹
아버지 아픈 가슴 터질 듯 두드린다

아름다운 하늘 길은 꽃봉오리의 눈물
친구들 함께 하늘 계단 밟고 올라
못다 이룬 기쁨의 삶 영원히 누리어라

# 꿈의 사닥다리

땅거미 꺼진 저녁 골목길에서 올려다본 앞산 중턱
작은 창문에 불빛 하나 반짝인다

어둠이 드리워지길 기다려 외출하고
어둠이 싫어 불을 켜 놓는다

언제부턴가 어둠이 위안의 어머니가 된 것은
삶의 무게가 힘겨워
빛을 피했어야만 했던 피로 때문

움직이는 모든 삶은 마음에 그늘을 드리우고
역성들어 줄 어머니가 그리운데
별처럼 빛나는 불빛은 높이높이 멀어져만 간다

한 온스 무게의 영혼은 작은 불빛 하나 찾고 있다
아직은,

# 하늘에 꽃 피우리

내 몸 꽃 화분에
내 꽃 피우려 애쓰며

오고 또 오는
언덕 골목 지나
꽃씨를 뿌렸건만,

부질없는 것
세상은,
그 마음 다 비우라 한다

필요한 이들에게
작은 꽃받침 되라 한다

이 밤 저 별 속에 소망 몇 개 심어
훗날, 하늘에 꽃 피우라 한다

# 옷깃을 여미며

풀처럼 뽑히지 않고
잡초처럼 밟히지도 않고
갈대처럼 흔들리지 않는 마음
갑옷을 입었나,

가슴에 던진 한마디
그 생각은 틀렸어
돌이키지 못한 채 벗을 수 없는 옷
더 단단히 여며 맞설 때
살짝 흔들리는 표정

애증의 흔적 느끼는 애처로운
슬픔, 힘이 되기도 하련만
지지하지는 않을 터

툭 던진다
목숨, 한순간의 숨결인 것을
영적 오솔길에서 황혼녘 바닷가에서

기도의 정점을 찾아
또 한 번 옷깃 여미며
졸졸 소리 따라 오르는 산길
변질되지 않을 담담한 마음 찾아서

# 4
# 응시

# 응시

하늘의 별 하나
암흑의 무거운 문 밀어내고
지상의 창 두드려요

받는 사랑은
얼마나 아름다운지요
가슴에 꽃으로 피어나
웃음 짓게 하지요

별빛,
창을 넘어 내려와
머리 쓰다듬던 손
눈 감고 기쁨의 물결 일렁일 때
날개 펴고 떠났죠

눈 감으면
정신은 자신을 향해요
눈 크게 뜰 때
난 나를 잃어버려요

실눈 떠 보지만
이도 저도 아닌 상태
깊은 눈 고요히 감고
응시해야겠어요

겹겹이 쌓였던 어둠이 걷힙니다
어둠은 또 겹겹이 내릴 것입니다

# 벽

붙잡아 놓고 다시 둘러보자
어디에 기쁨이 보람이 있었는지
아직은 알 수 없으니,

편한 것만으로는 채울 수 없고
하늘만큼 높이 우러르던
믿음 무너진 상처
예정된 순서대로 여기까지 왔으니,

아마도 마지막 언덕이겠지
잘될 거야 한 번 더 힘을 줘 봐
손에 잡힌 마음은 꿈틀대고 있어
놓지 못해 저린 손아귀 단단히 잡아 줘

아니 아니라고 외치는 벽들의 소리
멍든 마음 무엇으로도 힘들다고
틈과 틈 사이 벌려 두지 말고
어루만져 사랑해 줘, 서로가 아프지 않으려면
진심으로 사랑해 줘

# 꿈속에서 만난 소크라테스

하늘 끝에서 타는 불
펄펄 속력 내는 불 수레 함께 탄 제자들
지그시 감은 눈

육체에 얽매여 자유롭지 못한 영혼
끝 모르는 싸움 이기시고
지금, 진리의 선한 신神들과
하늘 길 노닐며 기쁘신지

살이 얼을 방해하여
진리를 보지 못하게 하는 것이라고
순수한 깨달음을 위해선
몸을 떠나야 한다고 갈파하시던 스승

몸의 어리석음과 섞여 있는 동안은
참 빛을 얻을 수 없다고
육체에서 떨어져 영혼의 자유를 찾아간 죽음
그것을 새 삶이라 가르치신 스승.

더 애틋하게 찔러 이르시고
재촉하는 시종들의 옹위 받으며
불 수레는 황홀한 빛
진리의 하늘 끝으로 오른다

# 착지

눈물을 웅변술이라 해도 괜찮겠다
악어의 눈물이라 오해해도 바로잡지 않으리

뜨거운 눈물 되어 돌아온 시간
어둠을 밝히려는 별들
찬란한 영혼의 무지개

바람에 불려가는 물 없는 구름
죽고 또 죽어 뿌리까지 뽑힌
열매 없는 겨울 나무
당하는 것이 아닌 맞이하기 위한 준비

음표를 연주하리
걸어가야 할 어두운 길
달빛은 슬픔을 키우고
슬픔은 빛을 키우고

깔끔한 착지,
관중의 진정한 박수
그 끝에서 듣는 승리의 기쁜 소리

# 이별과 행복 사이

인생의 모든 시기 힘겨웠지
해마다 바뀐 온갖 생각
갈바람에 흩날린다

육체를 떠나며 손 흔들 때, 혼
뭐라 말하랴

인생의 황혼 깃들어
이제는 자유로운 듯

훌륭하고 기쁘게 살 수 있는
그 무엇도 갖지 못했건만

지금은 오히려
사슬에서 풀려나 기뻐하지

오늘을 최선의 선물로 삼아
그때를 기다리는 우아함

아 땅에 수고 끝나는 날
나 진정한 행복 누리리

# 하나 더하기 하나는 人

처음부터 많이 같았지만 많이도 다른 나
입과 팔다리로 이해할 수 없는
안과 밖이 서로 다른
반대인 것 같은 나

나 말고는 잘 알 수 없는
소통하고 싶지만 잘되지 않는
나와 말하려고도 하지 않는 고집스러운 나

나 기울 때 너 나를 받쳐 준다면
휑한 마음 다독여도 볼 텐데

걱정하고 보살펴 줄 아무도 없는
내가 안을 수밖에 없는 그림자

슬픈 눈으로 보지 말아 줘
말하지 말아 줘
거기서 가만히 받쳐 주렴

# 카르페디엠

고요하다
새로운 맛을 탐하고
뽐낼 만한 일을 찾아 헤매고
우람한 어깨 포근한 가슴에 안기고 싶던 욕망

아주 작은 성취에도 교만했던
젊은 날의 아픔들

평화롭다
감각적 향락을 놓으니
노년의 큰 축복인 것을

평정심으로 세상을 바라보니
몸과 마음 가뿐한 것을

욜로
예쁜 옷도 이젠 주게 되고
그 우쭐한 생각의 키, 돌이켜 보면
하하 호호 가소롭기 그지없네

출렁이는 물결 따라 흘러온 세월
사랑스럽다, 카르페디엠

# 축복

머리 위에 덮인 구름
눈을 들어 쳐다보니 놀라운 광경
구름을 배경으로 스승님 호라티우스
모차르트 님과 내가 합주하는 환상
삶의 깊이를 더해 주는 듯,

감히 다가설 수 없어 떠날까 하는데
구름 속 반기시는 스승님의 손짓
내 등을 밀어 시의 세계로 끌어 주신다

사라져 간 꿈
기쁠 수 없던 번뇌도
스멀스멀 뒷걸음치고

시詩,
삶의 힘 내 노래가 된 애달픈 기쁨

# 선물

에움길 돌고 돌아
시의 손에 흰 손 포개고

구름 한 점 없는 푸른 하늘 향해
또박또박 햇살 행간 받아 적는 목련

곁에 있을 땐 보지 않았던
한 아름 알싸한 몸내 풍기는 목련

지금, 아지랑이 반쪽 잘려
시에 들어가고 있다

아니, 아니, 흰 손 벌린 목련
봄바람 담고 있다

## 오토하프

맵찬 바람 살을 엘 때
폭우를 몰아오는 번개
전신을 때릴 때
너 나를 위해 울었다

서른여섯 단아한 모습
첫아들을 낳아
가슴에 품은 황홀함

온순한 비둘기의 눈
평화의 울림으로
이해한다고 좋아한다고

불순물 가득해 탁한 나를
구석구석 씻어 준 너
내게 준 기쁨 비길 데 없어라

누가 음표를 보냈나
누가 승리의 환희를 주었나

너 나의 조력자
내 사랑 오토하프여!

# 카네기 홀

노래 부르기를 즐겼던 어린 시절
음악과 인연을 맺게 되었지
노래를 들으신 선생님
내 마음에 노래의 희망 불어넣어 주셨지

뜻대로 되지 못한 세월
화살같이 빠른 광음
흐르는 대로 놔두지 않았기에
무엇인가를 이루려고 마음 쓰며 살았네

계대 평생교육 합창단에서
우연히 배우게 된 크로마하프
팔십을 바라보는 오늘,
내 삶 활짝 꽃을 피웠네

무술년 구월 삼십일 저녁 일곱 시
백오십 대의 크로마하프 연주단
카네기 홀 무대 위에서 내 손은 춤추었고
목소리 더욱 맑게 흘렀지

뉴욕의 한인들과 청중이 하나 된 시간
하늘을 흘러가는 구름의 마음 이해되었네

앵콜 곡 아리랑, 고향의 봄 부를 때
관중의 기립 박수, 두 손 흔들며 함께 부른 감격의 노래
아! 나는 활짝 핀 무궁화를 보았네

# 차라리 그때로

달콤하고 사랑스러운 단순한 리듬
함께했던 기쁜 시간들 떠오르네

태양은 다시 뜨고 아름답고 환한 세상
모든 날들 지나가고 이제 늦가을이 덮였네

작은 불빛 우는 밤, 고요하다
아마도 생을 무척 사랑했나 봐
찬 얼굴 위로 싸늘한 바람 불어도
화들짝 놀란 척 웃곤 하지

너 교만한 자여!
부러질지언정 휘지 않겠다는 다짐

허허, 안 될 거야
저 멀리 지나온 시절
민낯의 어리석었던 그때로 못 갈 거야

# 어디로

어린 시절 기억은 너무 또렷하다
지울 수 없다는 것이 외롭다
눈을 감으면 풍경이 아프다

새벽마다 집으로 날아들던 돌
몇 번이나 끌려가시던 아버지의 초췌한 모습
매일매일 가슴 졸이던 일곱 살 나

육이오로 그 무섭던 피란길 나섰다
기차 지붕 위 다섯 식구 끈으로 묶어
헤어지지 않게 부산 피란민 수용소로 간 일

기억을 떠올린다는 것은 무섭다
지금, 이 시국은 마치 그때 그대로이다
왠지 불안 불안한 오늘
자유민주주의 대한민국은 어디로 가고 있는지……

# 5

# 기도

# 기도 1

고통이여, 절망이여, 글쓰기여!
오십 년 함께한 종이여!

그분의 힘으로 손을 들고
그분의 말씀을 따라가다

그분의 은혜를 받아먹으며
그 새벽 감동의 눈물을 흘렸지

할렐루야! 할렐루야!
기쁨의 노래여!

# 기도 2

왜 하필 두 눈의 고통인가
사랑하는 그대여!
심장 박동기를 갈아 끼우더니
오늘은 눈의 고통에 시달리는구나
그대가 아플 땐, 덜컥 겁이 났지만
그분이 내 마음속에 함께 계셔
희망의 눈물을 보였네
고요히, 한밤중 일어나
간절하게 그대를 위해 기도하였네

# 기도 3

고개 들고 하늘 향해 기도하는 나를
내려다보시는 아버지
이 죄인의 형편
나보다 더 잘 아시는 아버지

나에게 말씀하시네
“길 어두워 무서울 때
예수 안에 즐겁고 복된 길
너 자신을 바라보라” 하시네

오래 기다려 주시는
여호와 사랑의 아버지
또 한 번 머리 흔들어 정신 차리고
마음 가다듬어 복된 길 찾아가렵니다

# 기도 4

저 숲을 역사하심을
저 숲 속의 휘파람새를 역사하심을

저 숲의 바람을 역사하심을
저 숲의 안개 속에

길을 잃고 헤매는 소리들과
길을 찾아 돌아오는 소리들과

보이지 않는 것과 보이는 것을
모두 역사하심을

여호와 라파여!
고요히 그 머리 위에 은혜의 손길을 주소서!

# 기도 5

—주기도문을 찬양하며

당신은 봄 속에 계십니다
모란 속에 다알리아 속에 목련 꽃망울 속에
바람으로 계십니다
여름의 계곡물 속에
가을의 붉은 단풍 속에
폭설과 폭풍 속에 당신은
겨울로 계십니다

“하늘에 계신 우리 아버지
온 세상이 아버지를 하나님으로 받들게 하시며”

구름이 당신을 찬양하게 하시며
밤하늘 별들이 당신의 무릎에 삼늘게 하시며
달빛이 온누리를 비추며

“아버지의 나라가 오게 하시며
아버지의 뜻이 하늘에서와 같이
땅에서도 이루어지게 하소서.”
아멘!

# 기도 6

기도는 부드럽고 가볍다
차갑고 뜨겁다

기도는 흐르는 시간이다
일상에 찌든 삶을

기도는 버리게 한다
두 손을 놓아 버리게 한다

기도는 서글프다
앉고 싶고 눕고 싶은 욕구

기도는 사치라 한다
내 앞에 놓인 작은 의자에 앉으라 한다

기도는 내 시선이 머무는 곳에 있다
더없이 행복한 이 순간,

기도는 눈물 가득 고마움으로 고인다
당신의 사랑 안에 안겨 노래를 부른다

# 기도 7

아픔도 기쁨이 되는 신기함
작은 신음에도 응답해 주시는 놀라움

그리스도의 평강이
내 마음을 주장함이라

밝아 오는 아침
항상 기뻐하라신 말씀으로 눈뜨고

쉬지 말고 기도하라신 말씀으로
하루를 시작함은

내 안에 그 크신 감사
흘러 넘쳐남이라

오늘도 그리스도를 바라보며
숨 쉬게 하시는 은총

마음 깊은 곳에 예수께서 들어와 계심이라
오, 찬양하리! 오라 오라 부르실 그날까지!

# 기도 8

‘하나님이 그 지으신 모든 것을 보시니
보시기에 심히 좋았더라’

그 말씀 새기며 바람과 바람 사이
여기 서 있습니다

앞산 골짜기의 풀과 나무와 새 사이
흐르는 물소리를 듣습니다

보이는 것도 보이지 않는 것도
다 역사하신 하나님의 말씀

‘하나님이 그 지으신 모든 것을 보시니
보시기에 심히 좋았더라’

그 창세기의 깊고 깊은 뜻 따르리니
오늘도 내일도 그 훗날에도 은총을 내려 주소서!

# 기도 9

여호와 우리 주여 주의 이름이 온 땅에
어찌 그리 아름다운지요
주의 영광을 하늘 위에 두셨나이다

오직 한길, 시편은 나의 등불
빛도 사라지고 표정도 없는
그 서럽게 떠도는 자의 꿈

하나님 주신 사명 지혜로 입혀
밤낮으로 고요히 순종하리니,

뉘우치며 한숨짓는 지금
당신 없인 무엇으로도
채울 수 없음을 깨우치네

바람에 넘어져도 어찌 그리 아름다운지요
구름에 누워도 어찌 그리 좋은지요
여호와의 손을 붙잡고 가는 나는, 오직 한길

# 기도 10

—주의 은택으로 시온에 선을 행하시고 예루살렘성을 쌓으소서

(시편 51편 18절)

그곳은 가을 단풍처럼 붉습니까
당신이 계신 그 낙엽의 길은

착한 구름이 깔려 있습니까
환한 아침이 밝아 옵니까

숱한 생명의 찬가가 울려 퍼지고
새들이 노래하는 초록의 숲입니까

그곳은 흰 눈이 덮여 있습니까
온 천지가 고스란히 밝은 흰빛으로 비쳐

소나무와 바위와 계곡물이 얼어
연둣빛 새순이 대지를 기다리는

하나님의 눈과 손과 귀가
사랑과 지혜의 꽃나무로 꽃 피는, 봄이 있습니까

# 기도 11

“사람이 불을 품에 품고야
어찌 그 옷이 타지 아니하겠으며
사람이 숯불을 밟고야
어찌 그 발이 데지 아니하겠느냐”

전능하신 우리의 하나님께서
시편에 다윗을 통해 하신 그 고귀한 말씀
어찌 마음에 새기지 않으리
어찌 맨발로 행하지 않으리

불로 일어난 자 불로 망하고
칼로 일어난 자 칼로 망하리니
무릎 꿇어 여호와 히니님께
겸손의 기도 올리나니,

바람이여 천국까지 그 은총의 노래 실어 다오
훗날 내 기도의 목소리 하나님께 닿아,
이 땅 위에서 열렬히 시를 부르다 간
길 잃은 한 마리 어린 양을 기억해 주소서

# 기도 12

아, 영혼의 시로
기도하게 하소서!

짐 진 자
모두 하나님께 가시오

고통에 몸부림치는 자
모두 주께 가시오

해와 달 무수히 돌고 돌아도
지혜와 은혜의 말씀

하나님
여호와께 모이나니

어리석고 비루한 자
교만하고 거만한 자

아, 영혼의 시로
기도하게 하소서!

해설

# 철학의 계단에서 만난 시

—이춘실 시집 『바람의 손』을 중심으로

김동원 시인

해설

# 철학의 계단에서 만난 시

—이춘실 시집『바람의 손』을 중심으로

김 동 원 시인

## 철학, 그리고 계단

그녀에게 시는 철학으로 내려가는 계단에서 만난 뜻밖의 선물이다. 6·25 전쟁 중 목회자이신 부친을 따라 월남하여 크로마하프 연주자로서, 서양철학과 고전을 깊이 사모한 신앙인으로서 갖은 고초를 겪었다. 처음 만났을 때 고희의 그녀는 내게 '소크라테스(기원전 470~399년)'를 열광적으로 소개하였다. 인간 무지에 대한 스승의 문답법에 대한 예찬론을 설파하였다. 하여 나는 그녀가 그리스 아테네를 마음속으로 무지 사랑한다는 것과 그녀의 스승 소크라테스가 서양철학의 원조라는 것을 알게 되었다. 물론 시기하던 자들이, 소크라테스가 신을 모독하고 청년을 타락시켰다며 사형에 처한

못된 짓까지도 들었다. 도망치라는 주변 사람의 권유에도 "악법도 법이다"며 독배를 마신 소크라테스의 별명은 '아테네의 등에'였다. 소나 말 등의 피를 빨아 먹는 등에가 끊임없이 소를 괴롭혀서 움직이게 만드는 것처럼, 소크라테스 역시 살찌고 게을러빠진 아테네인들에게 끊임없이 질문하고 생각하도록 귀찮게 했다는 의미에서 붙여진 이름이다. 나는 그때 왜 그녀가 소크라테스에 반했는지, 그 이유를 어렴풋이 짐작했다. 소크라테스야말로 불온한 시인의 기질을 가진 반체제 인사라는 것을 알았다.

그녀가 반한 또 한 명의 스승은 초인超人을 불러낸 니체(1844~1900년, 독일)였다. 니체는 쇼펜하우어의 의지 철학을 흡수해 '생生 철학'을 추구했으며, 키르케고르와 함께 실존주의 선구자가 되었다. 한때 나 역시 니체의 『반反시대적 고찰』, 『인간적인, 너무나 인간적인』, 『짜라투스트라는 이렇게 말했다』에 미쳤던 적이 있어, 오히려 그녀에게 '철학으로서의 시 쓰기'를 권장했다. 유럽 문화에 대한 회의, 우상에 대한 파괴, 그리스도교가 삶을 파괴하는 타락의 원인임을 니체가 지적했듯, 이 시대 우리에게 새로운 시적 방법론을, 그녀가 모색하길 꼬드겼다. 그러나 니체에 대한 그녀의 생각은 달랐다. 『짜라투스트라는 이렇게 말했다』를 깊이 분석하면서, 니체야말로 '신은 죽었다'를 통해 '영원 회귀'를 '부활'의 의미로 주창했다고 하였다. 궁극적으로 니체는 초인 '짜라투스트라'를 통해 영생을 긍정했으며, 유럽의 혼돈과 허무를 온몸으로 극복한, 하나님의 독신자라고 보았다. 얍삽하게도 나는 그녀에게 니체야말로 진짜 영혼의 시인이므로, 그녀에게 니체를 따라서 '시 쓰기'를 은근히 부추겼다. 하여, 그녀는 결국 두 스승의 궤적을 좇아 '시'의 나락으로 빠지게 된다.

### 벼랑

시는 벼랑 끝에 놓인 절벽이다. 떨어지든지 기어오르든지 둘 중 하나다. 시어의 몸이 장소성이라면, 시어의 영혼은 시간성이다. 소통 가능한 시야말로 빛난다. 시인은 시를 남기는 사람이다. 시는 길 위에서 자신의 욕망을 반추하는 거울이다. 이춘실의 시집 『바람의 손』은 벼랑의 앞에 선 '철학으로서의 시 쓰기'를 추구한다. 욕망은 세계를 인식하는 추동력이자, 타자의 상처를 꿰뚫어 보는 시안詩眼이다. 그녀는 "몸이 시의 꽃으로 활짝 피어나는 느낌을 시작詩作을 통해 받는다."고 고백한 바 있다. 아리스토텔레스와 호라티우스의 『시학』을 독해하면서, 그녀는 그리스의 비극과 희극을 자신의 시에 수혈한다. 특히, 아리스토텔레스의 '시는 역사보다 더 철학적이다'란 명제에 깊이 감명 받는다. 음악을 가르치면서 시론 강의를 듣기만 하다가 시 창작에 관심을 갖게 된 것도 그 즈음이다. 언제부터인가 "명시를 암송暗誦하면, 숭숭 구멍 뚫린 가슴 한편에서, 시상詩想이 가득 채워져 옴을 느꼈다."고 하였다. 하여, 그녀는 읽고 쓰는 기쁨이 이렇게도 벅차고 아름다운지, 전엔 까맣게 몰랐다고 하였다. 기억에 덮인 슬픈 유년 시절의 작은 이야기들을 시로 불러내면서, 자신의 잃어버린 기억의 무늬를 직조한다.

별까지 가려면 달빛 창문에
오늘 밤 사닥다리 놓아야겠네

땅거미 꺼진 앞산 위로
돋아난 샛별 곁에
불면 하나 걸어야겠네

밑도 끝도 없는 늙은 생각은
한밤중 또렷한 기억 되어
어둠의 소파 위에 혼자 앉는다

텅 빈 거실 유리벽에 움직이는
그 무수한 바람 그림자

촛불을 켜면, 밤의 입술 새로

수다처럼 풀려 가는
그 옛날 어머니의 색실 뭉치

풀었다 되감았다 새벽녘까지
잔 생각 오고 가면
어느새 무릎 위에 잠든 어린 꿈

그 아이 별에서 내려오려면,
이 밤 또, 달빛 창문에 사닥다리 놓아야겠네

—「사닥다리」 전문

시간에서 주운 보석 중 가장 빛나는 것은 어릴 때의 추억일 것이다. 나쁜 추억은 불에 덴 것처럼 뜨겁지만, 좋은 추억은 달빛처럼 바스락거릴 것이다. 시는 피상적 관념보다는, 삶의 구체성에서 언제나 더 깊어진다. 「사닥다리」는 꿈 밖의 이야기이자, 꿈속의 이야기이기도 하다. 보이는 세계보다 보이지 않는 세계에 가 닿은 이야기이다. 누구나 별까지 가려면 '사닥다리'를 놓아야 한다. 그것이 희망으로 올라가는 사닥다리이건, 절망으로 떨어지는 사닥다리이건, 순수한 마음으로 돌아가 별을 딴다는 것은 중요하다. 어른들은 삶이 너무 바쁘다는 핑계로, 아름다운 어린 시절의 보석 같은 추억을, 어디에다 놓고 왔는지를 모르고 산다. 하여, '불면'의 밤을 지새우는 화자의 상념은, "밑도 끝도 없는 늙은 생각"으로 "한밤중 또렷한 기억"이 되어 찾아온다. 어둠 속 소파에 앉아 불안할 때, 어느 봄밤 맡았던 엄마의 냄새와 따스한 기억은 천국과 같은 것이다. 엄마는 "텅 빈 거실 유리벽에 움직이는" 바람 그림자가 되기도 하고, 어른어른 비치는 그 알 수 없는 적막의 얼굴이기도 하다. 그리하여 시인은 촛불을 켜고 "밤의 입술 새로 / 수다처럼 풀려 가는 / 그 옛날 어머니의 색실 뭉치"를 풀어낸다. 엄마의 무릎을 베고 새벽녘 동이 틀 때까지, 그녀와 나누었던 무수한 얘기를 풀었다 되감는 것이다. 그 옛날 소녀 시절 시인이 그랬던 것처럼, 화자를 별에서 내려올 수 있도록, 그 밤 달빛 창문에 사닥다리 하나를 놓아 보는 것이다.

### 귀

보기는 하되 보지 못하고, 듣기는 하되 듣지 못하면 아무 소용이 없다. 시는 들으려고 용을 쓰는 것이 아니라, 그냥 들려야 한다. 그것도 길을 가다가 우주로부터 홀연히 들려야 한다. 어떻게 보면 시란 언어의 비밀 열쇠 같은 것이다. 아니, 그보다 훨씬 깊고 오묘한 사유와 방법을 요구한다. 현대시의 경우, 시의 이해는 작가와 독자의 상호 관련 속에서

텍스트의 의미가 규정되고 배가된다. 이 말을 뒤집으면, 시는 시인을 떠나면 온전히 독자의 몫이란 뜻이겠다. 즉, 하나의 작품은 독자 수만큼 다양하고 새로운 의미로 재창조된다. 이춘실에게 있어 시란 무엇인가. 우주와 대상 사이, '부름'과 '응답'에 대한 아름다운 노래이다. 「하늘의 귀」야말로, 한 시인이 어떻게 홀연, 우주의 영감靈感에 홀렸는지, 그때, 그 순간, 그 자리의 비밀이 고스란히 시 행간 속에 절묘하게 드러나 있다.

> 거기에 바다가 있었다
> 절벽 위에 한 그루 노송
>
> 아찔, 불거진 혈관처럼 얽힌
> 바위를 감고 버틴 뿌리
>
> 먹고사는 일은
> 절벽도 나무도 고독했다
>
> 물안개 너머로 튕겨 나온
> 갈매기 한 마리
>
> 하늘의 귀를 물고

구름 위에 올려놓았다

―「하늘의 귀」 전문

「하늘의 귀」는 시점이 하늘의 관점에서 바라본 세계이다. 삼라만상은 그 자체가 귀이자 눈이다. 시인에게 하늘의 존재는 '바다'와 일체이다. "절벽 위에 한 그루 노송"을 보는 순간, 그녀는 시를 보았다. 아니, 색채로 된 푸른 음악을 느꼈다. 시는 섬광처럼 왔다가 번개처럼 사라진 음표이다. 그녀의 시는 천지 만물을 찰나에 드러내며 자연의 비밀을 푼다. "바위를 감고 버틴 뿌리"는 목소리도 말도 침묵도 아니다. 그것은, 삶을 움켜쥔 '손아귀'이자 "불거진 혈관처럼" 육화된 '몸'이다. 하여, "먹고사는 일은" 인간이나 절벽이나 나무 역시 고독한 일이다. 그 고독의 시경詩境에 튕겨 나온 갈매기는 지혜의 비유다. 그 시적 비유를 다 듣고 있는 것이 「하늘의 귀」다. 이처럼 이춘실의 시는 언어의 표정, 언어의 동작, 언어의 의미까지, 시 행간의 여백을 통해 끝없이 확장한다. 누구나 다 시를 쓸 수는 있지만, 아무나 좋은 시를 못 쓰는 이유는, 사물의 안과 밖이 체험의 언어로 하나 되지 못하기 때문이다. 그런 측면에서 「하늘의 귀」는 한 발짝 깊이 찌른 은유의 색다른 추상 이미지를 낳았다.

## 바람

시는 보이지 않는 세계를 보이는 세계로, 보이는 세계를 보이지 않는 세계로 드러낼 때 빛난다. 왠지 「바람의 손」은 제목에서 끌린다. 제목은 집의 대문이자 그 시의 표정이다. 제목이 좋으면 마냥 시가 좋아 보인다. 시의 값이 백 원이면 구십 원은 제목 값이다. 시를 쓰다 보면, 제목부터 붙일까, 끝나고 붙일까, 고민, 고민하게 마련이다. 현대시에 있어 제목은 시의 성패를 좌우한다. 영 안 되면 어떤 시인은 '무제'라고 던져 둔다. 이춘실은 '바람의 발'이라고 하지 않고 '바람의 손'이라고 하였다. 이상하게도 바람에겐 발의 감촉보다는 손의 느낌이 어울린다. 바람이 우리들의 몸을 '손'으로 어루만지기 때문일까.

참 아픈 하늘이었다
너를 부르면, 참 아픈 구름이었다

밤마다 달은
물속에서 꽃처럼 숨 몰아쉬는데

마음 한 자락 잡을 수 없는
바람의 손, 차마 찾지 못해

언제나 돌아서던
골목의 빈 그림자

참 아픈 겨울이었다
자꾸만 너는 펄럭거리는데

가시나무 무릎 속 고개를 묻고
어둠은 바람인 양 쳐다본다

—「바람의 손」 전문

몸이 없는 바람은 그러하겠다. "참 아픈 하늘" 위로 몰려다니겠다. 바람은 빈집이자, 빈 몸이자, 한 채의 구름이겠다. 하여 "너를 부르"는 모든 것들은 다 아픈 것이다. 밤마다 달은 물속에서 은빛 그림자로 숨을 몰아쉬는 '꽃'의 환영이다. 충만한 달이 꽃이 될 수 있는 것은, 쓰지 않고서는 배길 수 없는 시의 기양技癢이 숨어 있기 때문이다. 꿈을 꾸게 하고 끝내 그 꿈이 물속으로 사라지는 달빛의 암시는, 시허詩虛이다. 아무리 불러도 돌아보지 않는, 몸 없는 것들에게 가 닿을 수 없는 공허이다. 그것은 놓쳐 버린 한 사람에 대한 피맺힌 그리움이자 호곡號哭이겠다.

## 꿈

서정시의 본령은 감동에 있다. 사물과 사물 간의 응시와 관찰을 통해 그것의 교감을 세밀히 복원하여야 한다. 천차만별의 인간 세상의 희로애락을 소재로, 한根과 카타르시스, 어둠과 밝음, 사랑과 이별을, 각각의 대응 방식으로 그 시대 서정에 부응해야 한다. 근대의 서정은 느림과 고움, 향토와 정서의 문제에 집착했다면, 현대시는 기상천외한 소재와 미래 사회의 불확정한 소재로, 그 추상 표현에 몰두해 있다. 오늘날 서정시의 역할은, 고독사와 외로움, 사회적 병리 현상, 소박하고 소소한 일상에서, 경이로운 이미지를 재발견하여야 한다. 시에서 현실의 실종이야말로, 내용 없는 형식만 남게 되며, 그 형식은 공허한 메아리로 들리기 마련이다. 하여, 삶의 다채로운 아이러니를 가시권에서 찾아내, 흥미롭게 재구성하여야 하며, 언어를 벼리는 데 절차탁마의 정신이 필요하다. 시는 늘 아슬아슬한 벼랑 끝에 있다. 생의 절벽을 타고 내려가 다시는 못 올라올 즘에서, 꿈은 시가 된다. 현실에서 이루지 못한 것들은, 꿈속 무의식이 이루어 주는 척을 한다. 하여, 이번 생을 돌아보면 누구나 후회와 자책뿐이며, 스스로 다음 생을 위로하게 된다. 아무것도 없는, 아무 소리도 들리지 않는, 아무것도 만질 수 없는, 그래서 좋은, 그 환영의 세계에서 위로를 받는다. 이춘실의 「자꾸만 멀어지신다, 아버지」는 잡을 수 없는 것에 대한 연민이 안

타깝다. 자꾸만 멀어지는 아버지를 통해, 부재의 슬픔이 감동적으로 형상화된다.

> 자꾸만 멀어지신다, 아버지는
>
> 어둠 속 빈 골목처럼
>
> 자꾸만 멀어지신다, 꿈속 아버지
>
> 오신 길 헛딛지나 말아야 할 텐데,
>
> 엄마가 좋아하던 복숭아를 싸 들고
>
> 달빛 강을 무사히 건너야 할 텐데,
>
> 아버지는 자꾸 멀어지신다
>
> 새벽녘 안개 속 들풀처럼 지워지신다
>
> —「자꾸만 멀어지신다, 아버지」 전문

「자꾸만 멀어지신다, 아버지」는 서정시의 전형을 보여 준다. 평안북도 신의주가 고향인 시인의 의식 속에 잠들어 있는 목회자이신 아버지에 대한 그리움이 애절하다. 한 생을 살아가면서 이런 저런 사연 없는 사람이 어디 있겠느냐마는 아픔으로 점철된 이 시는, 실향민의 외로운 기억 흔적이 감동으로 다가온다. 꿈속에서나마 아버지를 만나고 싶어 하는 딸의 애틋함이 사뭇 눈물겹다. 어둠 속 빈 골목에서 서성거리는 귀혼의 뒷모습에서 우리는 기억이 주는 슬픔에 맞닥뜨린다. 실제의 죽음보다 더 괴로운 것이 시적 허구의 세계이다. 좋은 서정시는 사람의 심장을 뚫는 힘이 있나 보다. “엄마가 좋아하던 복숭아를 싸 들고 / 달빛 강을 무사히 건너”기를 소망하는 대목에 이르면 숙연하다. 오신 길 헛딛지나 말고 무사히 저승으로 가시길 간절히 바라는 딸의 바람은, 근래 보기 힘든 사부곡思父曲이다. 「자꾸만 멀어지신다, 아버지」 속의 가장 명구는 “새벽녘 안개 속 들풀처럼” 지워지는 아버지의 부재이다.

### 벽, 그 너머

시는 시 아닌 것과 시인 것으로 이루어져 있다. 시의 아름다움은 근본적으로 시를 구성하는 요소의 유기적 관계망에서 생겨난다. 시적 원리와 시적 질서를 지닐 때, 시는 고급의 언어가 된다. 최치원문학상 본상 수상작인 시, 「벽」은 이춘실의 ‘철학적 시 쓰기’의 전범이다.

그녀는 수상 소감에서 시작詩作의 태도를 밝힌 바 있다. "잎보다 꽃이 먼저 피는 매화는 무엇보다 열매를 일찍 맺겠다는 의지를 갖고 있다는 뜻이겠다. 나 역시 젊은 날 종교철학과 음악에 심취한 것은, 훗날 아름다운 시의 열매를 맺기 위한 생의 필연적 과정이 아니었나 싶다. '철학의 꽃은 시다.'라는 말을 깊이 새기고 산다. 이는 모든 만물이 다 시의 귀한 친구라는 말이겠다. 하여, 사람의 감성을 건드리는 서정시를 줄곧 써 오면서 느낀 것은, 시야말로 사실의 세계가 아니라 진실과 감동의 세계에 속한다는 점이다. 나는 고운 최치원 선생처럼 '가을바람에 괴로이 읊조려' 보지도 못했으며, 창밖에 내리는 가을비를 바라보며, 만 리 밖에 계신 그리운 사람을 애틋하게 그려 본 적도 적다. 또한 당대의 불합리한 신분제도에 맞서 시대의 불의에 맞서지도 못했으며, '추야우중', '토황소격문討黃巢檄文'과 같은 명시와 명문도 남기지 못한 나는, 자못 분발한다."

붙잡아 놓고 다시 둘러보자
어디에 기쁨이 보람이 있었는지
아직은 알 수 없으니,

편한 것만으로는 채울 수 없고
하늘만큼 높이 우러르던

믿음 무너진 상처
예정된 순서대로 여기까지 왔으니,

아마도 마지막 언덕이겠지
잘될 거야 한 번 더 힘을 줘 봐
손에 잡힌 마음은 꿈틀대고 있어
놓지 못해 저린 손아귀 단단히 잡아 줘

아니 아니라고 외치는 벽들의 소리
멍든 마음 무엇으로도 힘들다고
틈과 틈 사이 벌려 두지 말고
어루만져 사랑해 줘, 서로가 아프지 않으려면
진심으로 사랑해 줘

—「벽」 전문

「벽」은 모호하다. 아니, 벽 자체가 철학적이다. 벽은 현실이다. 시의 벽은 최소한의 생각의 기둥과 영혼의 지붕으로 연결되어 있다. 벽은 안과 밖의 세계에 귀를 열어 두고 산다. 하여 시인은 벽을 "붙잡아 놓고 다시 둘러보자"라고 제안한다. '왜 우리들의 세계는 벽뿐인가?' 묻고 있다. 당신의 벽 안쪽은 안전한가, 편한가, 아니면 "믿음이 무너진 상처"

의 벽뿐인가? 되묻고 있다. 시 「벽」이 주목받은 까닭은, 철학으로 묻고 역설의 시로 답했기 때문이다. 궁극에 가서 인간의 마지막 비빌 언덕은 「벽」을 타고 기어오를 수밖에 달리 방법이 없음을, 시 「벽」은 가리킨다. "잘될 거야 한 번 더 힘을 줘 봐" 스스로 위로하면서, 다짐하면서, 꿈틀대는 마음을 다잡고 저린 손아귀를 끝까지 놓지 말기를, 「벽」은 간구한다. 너와 나 사이, 사람과 사람 사이, 좌와 우 사이, 국가와 국가 사이 둘러쳐진 벽들은, 무너져야 한다고 '벽'이 외친다. 이 시대 "멍든 마음"을 위로받으려면, "틈과 틈 사이 벌려 두지 말고 / 어루만져 사랑해 줘"야 한다고, 벽은 인간들을 향해 절박하게 외친다.

**맺는 말**

이번 이춘실의 시집 『바람의 손』은 다양하고 깊다. 편편마다 절로 곡절과 사유를 들춰 보게 한다. 시 「쿠쿠Cuckoo」는 시적 착상이 기발하다. 밥솥의 의인화를 통해 여성들이 일상에서 얼마나 '쿠쿠'를 의지하는지를 생동감 있게 표현하고 있다. 신앙인으로서의 자세가 높이 돋보인 「하늘 정원」은, 사후 천국의 세계를 나름 상상한 풍경들이 주목할 만하다. 「구슬 가족」은 가족들의 소중함을 담담하게 엮은 작품이다. 진솔한 삶의 이야기들이 한 줄의 사랑의 구슬로 꿰어져 있다. 세월호 참사를 주제로 쓴 「아 정말 절망 대한민국」은 시를 읽는 내내 가슴이 아렸다. 꽃 한 번 피워 보지 못하고 저세상으로 간 청소년, 청년들의 죽음을 절통하게 형상화시켰다. 이 시대 어른들의 잘못을 질타하고, 사회 구석구석 만연한 부조리를 고발한 시이다. 「카네기 홀」은 어린 시절부터 그녀가 얼마나 노래 부르기를 좋아했는지를 잘 보여 준다. 뜻대로 되지 않는 고통의 현실에서도, 음악은 그녀의 희망이었다. 카네기 홀 무대 위에서 백오십 대의 크로마하프 연주단의 일원으로 연주하며 노래한 그녀는, 평생 음악의 한恨을 푼다. 청중들의 기립 박수에 그녀는 전율한다.

마지막 「기도」 시편은 성숙한 자의 내면에서 울려 나온 성찰의 목소리가 맑고 높다. 신앙인으로서의 하나님에 대한 외경을 기도로 답한다. 고달픈 시작詩作을 향해 "고통이여, 절망이여, 글쓰기여!"라고 외친다. 이 모든 작업이 "그분의 힘으로 손을 들고 / 그분의 말씀을 따라" 써 내려갔음을 진솔하게 고백한다. 어린 양으로서의 그녀는 은혜 받은 시인이다. "길 어두워 무서울 때 / 예수 안에 즐겁고 복된 길"을 찾을 수 있기 때문이다. 하여 이춘실의 시는 두 가지로 규정된다. 부드럽고 가벼운 신앙의 시와 무겁고 어두운 피란민의 정서다. 「평양 곰탕」은 피란길 기차 지붕 위에서 다섯 식구가 어떻게 전쟁에서 살아남았는지를 처절하게 보여 준다. 상처 난 역사의 흑백 필름 같다. 부산시립병원 담장 뒤로 몰래 데려가는 시체들을 바라보며 어린 소녀(시인)는, 온종일 허기진 배를 움켜잡고 구름을 뜯어 먹는다. 현실의 체험만큼이나 시의 풍경 또한 외롭다. 그렇다. 이번 이춘실의 시집 『바람의 손』은, 때로는 서정의 풍경을 따듯하게 보여 주기도 하고, 감정의 정화를 통해 철학으로서의 시 쓰기를 시도하기도 한다. 하여, 그녀의 시는 사물의 계단을 따라 내려가, 존재의 비밀을 훔쳐본 노래이자, 종교를 통한 자기 구원의 방식을 '시'의 옷을 빌려 독자들에게 걸쳐 준다.

**이춘실**

평북 신의주에서 출생했다. 숭실대학교 종교철학과를 중퇴했으며 레크리에이션, 죽음 교육 강사로 있으며 '광음크로마하프' 교실을 운영하고 있다. 대구문인협회, 문장21 회원과 텃밭시인학교 동인으로 활동하고 있다.

7448sil@naver.com

**이춘실 시집**

바람의 손



**초판 1쇄 발행** 2020년 1월 3일

**지은이** 이춘실
**펴낸이** 이은재

**펴낸곳** 도서출판 그루
**출판등록** 1983. 3. 26(제1-61호)
**주소** 06121 서울특별시 강남구 봉은사로 129, 1210호
42452 대구광역시 남구 큰골 3길 30
**전화** 02-358-1161, 053-253-7872
**팩스** 053-257-7884
**전자우편** guroo@guroo.co.kr

ISBN 978-89-8069-412-9